W0176760

Mein großes Naturbuch

KOSMOS

Illustrationen von Gerhard Schmid
Text von Teresa Baethmann

Unser gesamtes lieferbares Programm und viele
weitere Informationen zu unseren Büchern,
Spiele, Experimentierkästen, DVDs, Autoren und
Aktivitäten finden sie unter **www.kosmos.de**

Mix
Produktgruppe aus vorbildlich bewirtschafteten
Wäldern und Recyclingholz oder -fasern
www.fsc.org   Zert.-Nr. SGS-COC-004980
© 1996 Forest Stewardship Council
FSC

© 2010, Franckh-Kosmos Verlags-GmbH & Co. KG, Stuttgart
Alle Rechte vorbehalten
ISBN 978-3-440-12323-2
Redaktion: Ina Lutterbüse
Produktion: Angela List
Umschlaggestaltung: ReclameBüro, München
Satz und Gestaltung: undercover, Langweid-Foret
Printed in Slovakia / Imprimé en Slovaquie

Inhalt

Auf dem Bauernhof 8

Die Kuhwiese ... 10
Wissenswertes über Kühe ... 12

Am Bienenstock ... 14
Wissenswertes über Bienen ... 16

Im Bauerngarten ... 18
Wissenswertes über Krabbeltiere ... 20

Am Hühnerstall ... 22
Wissenswertes über Hühner ... 24

Nachts auf dem Bauernhof ... 26
Wissenswertes über Tiere in der Dunkelheit ... 28

Pflanzen auf dem Bauernhof ... 30

Auf der Wiese 32

Bei den Hasen ... 34
Wissenswertes über Hase und Kaninchen ... 36

Bei den Störchen ... 38
Wissenswertes über Störche ... 40

Im hohen Gras ... 42
Wissenswertes über Schmetterlinge ... 44

Nachts auf der Wiese ... 46
Wissenswertes über Feldmäuse ... 48

Es ist Herbst ... 50
Wissenswertes über Maulwürfe ... 52

Pflanzen auf der Wiese ... 54

Leben am und im Teich 56

Bei den Kröten ... 58
Wissenswertes über Kröten ... 60

Auf dem Wasser ... 62
Wissenswertes über Enten ... 64

Am Ufer ... 66
Wissenswertes über Libellen ... 68

Unter Wasser ... 70
Wissenswertes über Fische ... 72

Bei der Wasserspitzmaus ... 74
Wissenswertes über Wasserspitzmäuse ... 76

Pflanzen im und am Teich ... 78

Im Wald 80

Auf dem Ameisenhügel ... 82
Wissenswertes über Ameisen ... 84

Auf der Lichtung ... 86
Wissenswertes über Hirsche ... 88

Nachts im Wald ... 90
Wissenswertes über den Fuchs ... 92

Die Vögel des Waldes ... 94
Wissenswertes über den Buntspecht ... 96

Im Winter im Wald ... 98
Wissenswertes über Tierspuren ... 100

Die Bäume des Waldes ... 102

Register 104

Auf dem Bauernhof

Viele Tiere begrüßen dich auf dem Bauernhof! Kuh, Biene, Hase, Huhn und Katze kannst du auf den nächsten Seiten beobachten. Aber auch noch viele andere kleine und große Tiere gibt es zu entdecken. Siehst du sie alle?
Viel Spaß beim Besuch auf dem Bauernhof!

Honigbiene

Hahn

Kuh

Hauskatze

Stallhase

Es ist Frühling. Die **Kühe** und ihre Kälbchen dürfen endlich hinaus auf die **Wiese**. Hier fressen sie viel saftiges Gras. So wird die **Milch** besonders lecker.
Rinder sind Wiederkäuer. Das bedeutet, dass sie ihr Futter mehrfach verdauen. Dabei liegen sie gern auf der Wiese. Wen kannst du noch entdecken?

Rotbunte

Zicklein

Kälbchen

Bläuling

Löwenzahn

Bussard

Fliege

Haflinger Pony

hafgarbe

Mistkäfer

GS11

Rinder gibt es in unterschiedlichen Farben und Größen in Deutschland und auf der ganzen Welt. In Deutschland sind Schwarz- und Rotbunte am häufigsten. Die männlichen Rinder heißen Bullen oder Ochsen. Das weibliche Rind ist die Kuh.

Braunvieh mit Kalb

Diese sandfarbenen Rinder gibt es vor allem im Süden Deutschlands, in Österreich und in der Schweiz.

Schottisches Hochlandrind mit Kalb

Diese Rinderart kommt ursprünglich aus den schottischen Bergen. Ihr langes, dichtes Fell schützt sie besonders gut vor dem kalten Wind und Regen in ihrer Heimat.

Schwarzbunte

Diese schwarz-weißen Rinder kannst du besonders häufig im Norden von Deutschland sehen.

Wie viel Liter Milch gibt eine Kuh am Tag?

Eine einzelne Kuh gibt ungefähr 30 Liter Milch am Tag. Kälbchen bekommen diese Milch heutzutage nur noch selten als Nahrung. Die meiste Milch trinken und essen wir Menschen in Form von Butter, Joghurt, Quark oder Käse.

Auf der Wiese leuchten die Blumen in allen Farben. Überall in der Luft summt es. Die **Bienen** sind unterwegs und suchen Nektar und Blütenstaub, den man auch Pollen nennt. Mit ihren Hinterbeinen sammelt die Biene den Pollen und bringt ihn in den Bienenstock. Der Pollen wird an die hungrigen Larven verfüttert. Aus dem Nektar entsteht der **Honig**.

Haflinger Pony

Honigbiene

Bienenstock

G.S. 15

In einem Bienenstock gibt es jede Menge zu tun. Die Bienenkönigin wird von den Drohnen, den männlichen Bienen, befruchtet. Ihre Eier legt sie dann in die Wabe. So entsteht eine junge Biene.

Königin

Ei

Larve

Puppe

junge
Biene

Arbeiterbienen

Eine Biene entsteht

Die Königin legt immer ein Ei in eine Wabe. Das Ei muss trocken und sicher liegen. Aus dem Ei entwickelt sich eine Larve, die von den Arbeiterbienen mit Blütenstaub gefüttert wird.
Nach 13 Tagen verpuppt sich die Larve. Aus der Puppe schlüpft eine neue, junge Biene, die sich jetzt auch um die Waben, die neuen Eier und Larven kümmern kann.

Die Waben

Der Nektar der Blüten wird im Magen der Bienen in Honig umgewandelt. Im Stock angekommen spuckt die Biene den Honig aus. Er wird dann in den Waben gelagert. Die Waben bestehen aus Wachs, aus dem auch Kerzen hergestellt werden.

Warum kann Honig ganz unterschiedlich schmecken?

Je nachdem wo der Bienenstock steht, sammeln die Bienen den Nektar von Blumen oder Bäumen. Blütenhonig entsteht aus dem Nektar von Blumen, Waldhonig wird aus Honigtau gemacht. Honigtau wird von Läusen hinterlassen und von den Bienen aufgesammelt.

Die Tür zum Hasenstall steht weit offen. Der freche **Stall-hase** hat die Gelegenheit genutzt und einen Ausflug in den Bauerngarten gemacht. Hier gibt es so viele leckere Sachen! **Karotten**, **Steckrüben** und **Weißkohl** zum Beispiel. Der Hase mümmelt genüsslich an einem zarten Blättchen.

Gartenrotschwanz

Kohlweißling

Kohlweißlings-raupe

Rote Beete

Nacktschnecke

Regenwurm

Käferlarve

Schwalbe

Tomaten

Marienkäfer

Raupe

Stallhase

Weinbergschnecke

Karotte

19

Im Garten des Bauernhofs leben viele kleine Tiere. Manche sind den Gartenpflanzen nützlich, weil sie schädliche Insekten fressen.

Marienkäfer
Er ist ein guter Freund des Gärtners. Seine Leibspeise sind nämlich Blattläuse.

Erdkröte
Die Erdkröte frisst auch gern Raupen und Larven von Schädlingen.

Ohrwurm
Auch der Ohrwurm ist ein nützlicher Besucher im Garten. Er macht Jagd auf die Raupen von vielen Schädlingen.

Kohlmeise
Für die Kohlmeise sind die dicken Kohlweißlingsraupen echte Leckerbissen.

Kohlweißlinge

Auf dem großen Weißkohl tummeln sich die gefräßigen Raupen des Kohlweißlings.

Kartoffelkäfer

Der Kartoffelkäfer frisst am liebsten die Blätter der Kartoffelpflanze. Damit kann er großen Schaden anrichten.

Blattläuse

Blattläuse saugen den Pflanzensaft an den Stängeln und Blättern.

Nacktschnecken

Nacktschnecken fressen vor allem die jungen Pflanzen und lassen oft nur den Stängel übrig.

Emsig picken und scharren die **Hühner** nach Körnern und kleinen Käfern. Wenn der Hahn einen fetten **Wurm** gefunden hat, kräht er seine Hennen herbei und lässt sie fressen. Sind die Hühner satt, suchen sie sich ein Plätzchen für ihr Staubbad. Dabei plustern sie sich richtig auf.

Rinder

Gänse

Enten

Feldsperlinge

Henne

Küken

Mistkäfer

Spatz

Schmetterling

Hahn

Hainbänderschnecke

Grashüpfer

23

Abends flattern die Hühner auf ihre Sitzstange im Stall. Jedes Huhn hat dort einen festen Platz. Hier fühlen sie sich sicher und schlafen eng nebeneinander.

Vom Ei zum Huhn

Hühner legen fast jeden Tag ein Ei. Aber nur wenn die Eier vom Hahn befruchtet und von der Henne ausgebrütet werden, schlüpfen auch Küken daraus.

Ab dem vierten Tag sieht man viele rote Linien auf dem Eigelb: Das sind die Blutgefäße des Kükens.

Am 15. Tag kann man schon deutlich das Auge erkennen. Etwas später sind die Flügel und das Federkleid zu sehen.

Am 21. Tag pickt das fertig entwickelte Küken mit dem Eizahn, der auf der Schnabelspitze sitzt, die Schale auf.

G.S.

Es wird Nacht. Die **Katze** schleicht lautlos durch die Dunkelheit. Mit ihren feinen Ohren hat sie eine **Maus** gehört. Auf dem Bauernhof sind Katzen wichtige Mäusejäger. Die kleinen Nager können im Haus und in den Getreidespeichern nämlich großen Schaden anrichten.

Fledermäuse

Marder

Bernhardiner

Lederlaufkäfer

Schleiereule

Waldkauz

Rotfuchs

Igel

Katze

Kleines
Nachtpfauenauge

27

Auch nachts sind auf dem Bauernhof noch einige Tiere außer der Katze aktiv. Sie begeben sich im Schutz der Dunkelheit auf Nahrungssuche, denn da können sie sich gut vor größeren Tieren verstecken.

Schleiereule

Die Schleiereule wird erst in der Nacht richtig wach. Sie jagt vor allem Feld- und Spitzmäuse.

Marder

Der Steinmarder stibitzt sich gern ein Ei, wenn das Hühnerhaus nicht fest verschlossen ist.

Igel

Wenn der Igel nachts auf Futtersuche geht, ist er nicht zu überhören. Hat er eine Schnecke oder einen Regenwurm gefunden, frisst er sie laut schmatzend.

Fledermäuse

In der Dämmerung huschen Zwergfledermäuse über den Abendhimmel. Sie fangen fliegende Insekten, wie Nachtfalter oder Mücken.

Siebenschläfer

Tagsüber schläft der Siebenschläfer in einer Baumhöhle. Nachts wird er munter und sucht Früchte, Samen und Nüsse.

Feldmäuse

Nachts trippeln und huschen die Feldmäuse über den Hof. Doch wenn die Katze kommt, verschwinden sie ganz schnell in ihren Löchern.

G.S.

Auf dem Feld baut der Bauer mithilfe seines Traktors und anderer großer Maschinen verschiedene Pflanzen an. Diese Pflanzen essen wir Menschen und auch die Tiere des Bauernhofs.

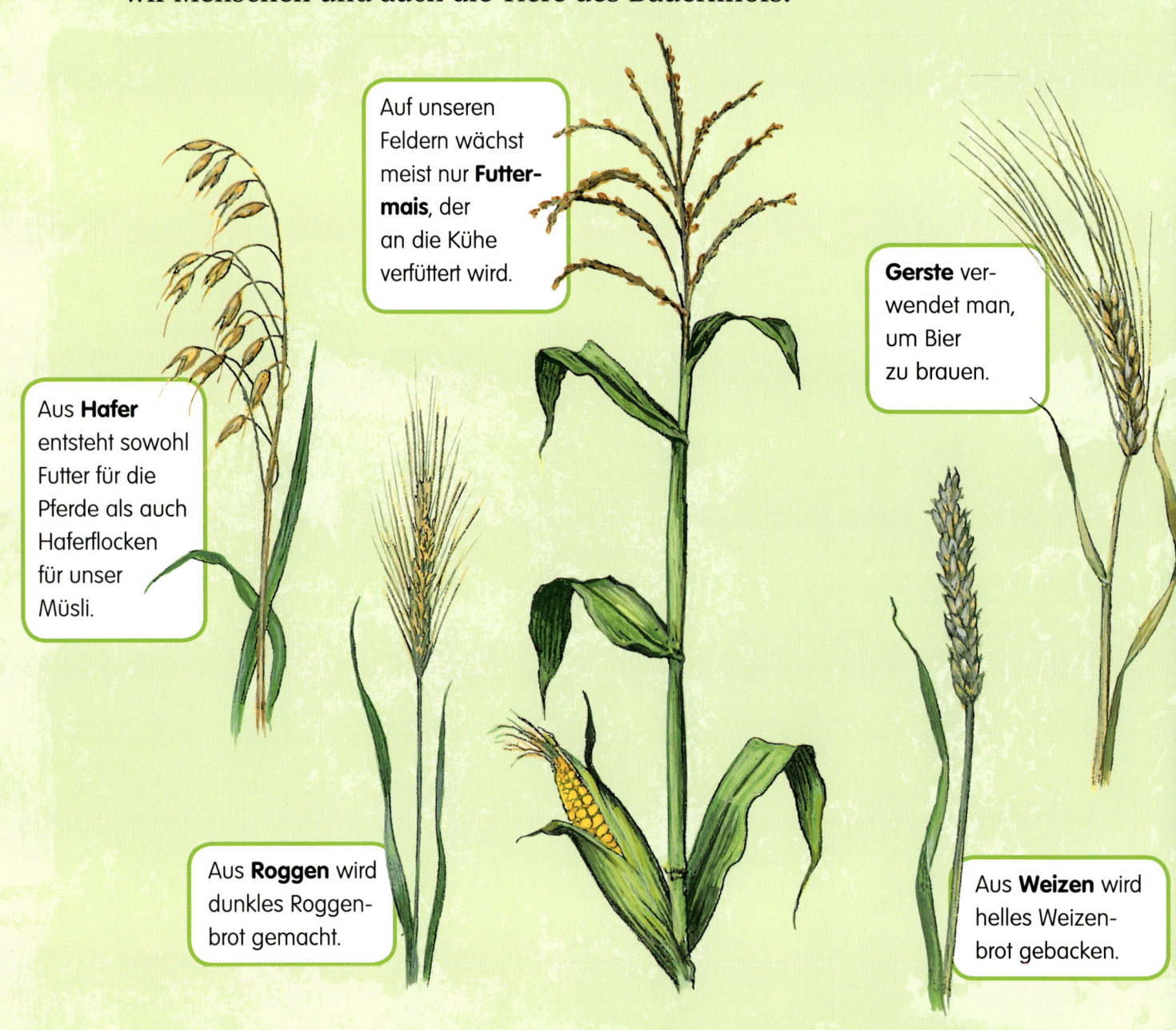

Auf unseren Feldern wächst meist nur **Futter-mais**, der an die Kühe verfüttert wird.

Gerste ver-wendet man, um Bier zu brauen.

Aus **Hafer** entsteht sowohl Futter für die Pferde als auch Haferflocken für unser Müsli.

Aus **Roggen** wird dunkles Roggen-brot gemacht.

Aus **Weizen** wird helles Weizen-brot gebacken.

Am Feldrand findest du einige Pflanzen mit hübschen Blüten. Sie fühlen sich hier auf dem fruchtbaren Boden der Felder wohl und bieten Insekten Nahrung.

Die **Acker-Kratzdistel** ist eine robuste Pflanze. Ihre stachligen Blätter piksen ganz schön.

Der **Saat-Mohn** fällt besonders durch seine leuchtend rote Blüte auf.

Die **Acker-Glockenblume** hat hübsche lila-blaue Blüten, die wie Glocken nach unten zeigen.

Die **Kornblume** mit ihren blauen Blüten ist oft an Getreidefeldrändern zu finden.

31

Auf der Wiese

Wenn die Sonne scheint, ist auf der Wiese richtig was los. Man bekommt dort einige Tiere zu sehen, zum Beispiel Feldhase, Maulwurf, Schmetterling, Feldmaus und Storch.
Wen kannst du auf den nächsten Seiten noch entdecken? Und erkennst du auch einige Pflanzen?
Viel Spaß beim Besuch auf der Wiese.

Tagpfauenauge

Erdhummel

Feldmaus

Feldhase

Weinbergschnecke

Weißstorch

Es ist **Frühling** und auf der großen Wiese blühen schon die ersten Blumen. Gut versteckt im hohen Gras säugt eine **Häsin** ihre Jungen. Aufmerksam dreht sie ihre langen Ohren hin und her. Sie kann die vielen Insekten hören. Die Häsin lauscht, ob sich ein Feind nähert oder ob ihre Jungen sicher sind.

Hainbänderschnecke

Grünes Heupfe

Erdhummel

Marienkäfer

Weinbergschnecke

Schwalbenschwanz

Honigbiene

Feldhase

35

In der freien Natur gibt es den Feldhasen und das Wildkaninchen. Sie sind leicht zu unterscheiden, wenn du ihre Merkmale kennst.

Der Wildkaninchenbau

Die Wildkaninchen wohnen in einem Bau unter der Erde. Sie leben dort in großen Gruppen, die man Kolonien nennt. Für ihre Jungen legen sie sogar noch einen eigenen kleinen Bau an. Sie bekommen ungefähr fünf bis sechs Jungen auf einmal.

Die Feldhasenmulde

Feldhasen schlafen in einer Grasmulde, die man Sasse nennt. Tagsüber rühren sie sich meist nicht und halten ihre Nase in den Wind, um eventuelle Feinde zu wittern. Erst wenn es dunkel wird, gehen sie auf Nahrungssuche. Sie fressen gerne Gras oder Klee, aber auch Getreide oder Kohl.

Aussehen

Ein Feldhase ist größer als ein Wildkaninchen. Er hat eher eine braune Fellfarbe, während das Fell des Kaninchens grau ist. Feldhasen haben viel längere Ohren. Man nennt sie Löffel. Auch die Beine des Feldhasen sind länger und er ist flinker, denn er hat keinen sicheren Bau, in dem er sich vor Feinden wie dem Fuchs verstecken kann.

Hasenkämpfe

In der Paarungszeit streiten sich die Männchen der Feldhasen um die Weibchen. Dann stellen sie sich auf ihre Hinterläufe und boxen sich gegenseitig mit den Vorderpfoten.

Langsam und lautlos stakst der **Weißstorch** durch die Wiese. Er sucht Nahrung für seine Jungen: Feldmäuse, Heuschrecken und Frösche. Störche leben nur im Sommer bei uns. Im Herbst fliegen sie nach **Afrika**, wo es warm ist, und verbringen dort den Winter.

Erdkröte

Honigbiene

Blattkäfer

Storchennest

Weißstorch

Maulwurfshügel

Heuschrecke

Spitzmaus

39

Störche leben in der Nähe von Wiesen und Sümpfen, denn dort gibt es genug Nahrung für sie und ihre Jungen. Ihre Nester bauen Störche gerne auf Häusern oder Telefonmasten. Die Zugvögel kehren jedes Jahr im Frühling zu ihrem Nest zurück.

Wiedersehen am Storchennest

Storchmännchen und Storchweibchen sind auf der Reise oft getrennt und treffen sich erst am Nest wieder. Sie begrüßen sich dann mit lautem Schnabelgeklapper. Dabei werfen sie ihre Köpfe zurück. Die Weibchen legen drei bis fünf Eier. 32 Tage brüten dann die Störche abwechselnd die Eier aus. Dann müssen sie Futter heranholen, damit die Jungen auch ordentlich wachsen.

Die jungen Störche

Nach zwei Monaten sind die Jungstörche alt genug, um fliegen zu lernen. Sie stehen am Rand des Nestes, schlagen mit ihren Flügeln und hüpfen aufgeregt in der Luft herum.

Wie findet der Storch den Weg nach Afrika?

Im September machen sich die Störche auf den Weg nach Südafrika. Wie die Vögel ihren Weg dorthin finden, weiß man nicht genau. Vogelkundler vermuten, dass sie sich nach der Sonne, auffälligen Bergketten, den Sternen und nach dem Magnetfeld der Erde richten.

Schwebfliege

Bläuling

Erdhummel

Ein **Tagpfauenauge** fliegt über die Wiese. Mit seinem feinen Rüssel saugt es den süßen Nektar aus den Blüten. Im Sommer blühen viele **Blumen**. Schmetterlinge und andere Insekten finden genug Nahrung. Wusstest du, dass jeder Schmetterling seine Lieblingsblume hat?

Feldgrille

Zauneidechse

Blutströpfchen

Tagpfauenauge

Baumschnecke

Blattkäfer

43
G.S.

Schau dir einmal eine Brennnessel am Wegrand etwas genauer an. Vielleicht entdeckst du kleine schwarze Raupen oder auch eine gelb-grüne Puppe, die an einem Blatt hängt. Hier entwickelt sich ein Tagpfauenauge.

Ein Schmetterling wird groß

1. Tagpfauenaugen legen ihre Eier unter die Blätter von Brennnesseln.

2. Nach zwei bis drei Wochen schlüpfen die Raupen. Sie fressen Tag und Nacht große Löcher in die Blätter.

3. Hat die Raupe genug gefressen, sucht sie sich ein Blatt. Daran hängt sie sich kopfüber auf. Aus der Raupe wird dann eine Puppe.

4. Nach zwei Wochen ist die Puppenruhe zu Ende. Die Puppe platzt auf und ein Schmetterling schlüpft heraus.

Die Flügel des Tagpfauenauges sind an der Unterseite braun und unscheinbar. So tarnen sie sich leicht vor ihren Feinden, den Vögeln. Kommt ihnen doch mal einer zu nah, öffnen sie schnell ihre Flügel und machen ein zischendes Geräusch. Der Vogel erschrickt dann manchmal vor den Augen, die ihn da plötzlich anschauen.

Wie viele Schmetterlingsarten gibt es?

In Deutschland gibt es ungefähr 3700 verschiedene Schmetterlingsarten. Das sind ganz schön viele. Den **Zitronenfalter** (links) kannst du auch häufig auf Blumenwiesen entdecken. Er ist nach seiner gelben Farbe benannt.

Große Hufeisennase

Rotfuchs

Mauswiesel

Igel

Nacktschnecke

Es ist Nacht. Auch auf der Wiese werden manche Tiere jetzt erst richtig wach. Laut schmatzend raschelt ein **Igel** durchs Gras. Das **Mauswiesel** beobachtet aufmerksam die Umgebung. Die **Feldmäuse** kommen aus ihrem Bau und gehen auf Futtersuche. Am liebsten fressen sie Gräser, Klee und Getreide.

Schleiereule

Kreuzspinne

Glühwürmchen

Feldmäuse

47

G.S.

Unter der Erde ist auch einiges los. Feldmäuse sind eifrige Baumeister. Sie legen ein weit verzweigtes Netz aus Gängen und Höhlen an.

Erdhummel

Blindschleiche

Feldmaus mit Jungen

Vorratskammer

Spitzmaus mit Jungen

Haben Mäuse auch Straßen?

Nicht nur unterirdisch haben Feldmäuse Gänge, sondern auch überirdisch gibt es feste Straßen, von Eingangsloch zu Eingangsloch, auf denen sich die Mäuse bewegen. Da sieht eine Wiese manchmal ganz schön zerfurcht aus.

Unter der Erde

Die Gänge und Höhlen der Feldmaus, die über mehrere Jahre entstehen, werden nicht nur von ihr allein genutzt. Während die Feldmaus in einer Höhle ihre Jungen versorgt und in einer anderen Vorräte sammelt, nutzen andere Tiere alte Höhlen. Erdhummeln zum Beispiel bauen ihr Nest gerne in einem alten Gang und legen dort ihre Eier ab. Auch die Blindschleiche nutzt die sichere und kühle Höhle unter der Erde. Die Spitzmaus bringt wie die Feldmaus auch hier unten gut geschützt ihre Jungen zur Welt.

Es ist **Herbst** geworden und die Nächte werden kühl. Jetzt ist der **Maulwurf** besonders fleißig. Er verlegt seine Wohnkammer einfach tiefer in die Erde. Dort wird es im Winter nicht so kalt. Eifrig gräbt und schaufelt er mit seinen großen Schaufelhänden neue Gänge.

Haubenmeise

Marienkäfer

Regenwurm

Grünes Heupferd

50

Kleiber

Wacholderdrossel

Amsel

Maulwurf

Den unverkennbaren Maulwurfshügel auf einer Wiese hast du sicher schon oft gesehen. Die Hügel bestehen aus der Erde, die der Maulwurf beim Graben seiner Gänge und Höhlen irgendwohin schaffen muss. Jeder Hügel ist also ein Eingang zu einem Maulwurfgang.

Maulwurfshügel

Käferlarve

Vorratskammer

Sind Maulwürfe wirklich blind?

Maulwürfe sind nicht blind, aber sie können sehr schlecht sehen. Das müssen sie in den dunklen Erdgängen ja auch nicht. Dafür haben sie im Gesicht und am Schwanz feine Tasthärchen und eine sehr gute Nase. So finden sie sich unter der Erde bestens zurecht.

Leben unter der Erde

Der Maulwurf legt mehrere Höhlen an, die durch verschiedene Tunnel miteinander verbunden sind. Die größte polstert er mit Pflanzen und Haaren aus. Sie dient ihm als Schlafhöhle und hier kommen auch seine Jungen zur Welt. In den anderen Höhlen lagert er seine Nahrung: Regenwürmer und viele andere Kleintiere, die er auf dem Weg durch seine Tunnel erbeutet.

Auf der Wiese kannst du nicht nur kleine und große Tiere entdecken, sondern auch ganz viele Pflanzen. Hier werden dir einige vorgestellt.

Die **Margerite** erkennst du leicht an ihrer weiß-gelben Blüte. Aus ihr kannst du einen hübschen Blumenstrauß pflücken.

Den **Rotklee** kennst du sicher von jeder Wiese. Mit seinen kleinen rotweißen Blütenköpfen breitet er sich auf jeder Wiese aus und ist sehr widerstandsfähig.

Der **Wiesen-salbei** hat viele kleine lila Blüten. Der Stängel der Blume ist etwas klebrig und hat feine Haare.

Die **Wiesenschafgarbe** ist leicht an ihren vielen kleinen Blüten, die wie ein Teller zusammenstehen, zu erkennen. Sie wird oft als Heilmittel bei Wunden eingesetzt.

Das **Wiesenrispengras** ist weit verbreitet. Die Tiere fressen es und verteilen so den Samen.

Das **Wiesenschaum-kraut** blüht im Frühling zartlila auf den Wiesen. An seinen Stängeln kannst du manchmal Schaum entdecken. Dort hat die Schaumzikade ihre Eier gelegt. Der Schaum, den die Zikade produziert, schützt die Eier.

Das **Gänseblümchen** hast du bestimmt auch schon mal gepflückt. Seine kleinen rot-weißen Blüten sind auf jeder Wiese zu finden.

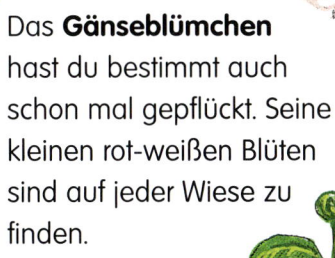

G.S.

Leben am und im Teich

Am und im Teich gibt es einiges zu sehen. Hier schwimmen und tauchen, fliegen und jagen verschiedene Tiere. Erdkröte, Stockente, Libelle, Wasserspitzmaus und Hecht freuen sich auf den nächsten Seiten über deinen Besuch.
Viel Spaß am und im Teich!

Libelle

Erdkröte

Hecht

Wasserspitzmaus

Stockente

Es ist Frühling. Die **Erdkröten** wandern an den Teich, um sich zu paaren. Während der Paarung sitzen die Männchen auf dem Rücken der Weibchen. Die Eier der Erdkröte sehen aus wie kleine schwarze Perlen an einer Schnur. Sie werden **Laichschnüre** genannt.

Erdkröte

Wasserläufer

Den Winter verbringen Erdkröten in einem sicheren Versteck im Wald. Sie graben sich dort gerne in den mit Laub bedeckten Boden ein. Im Wald friert der Boden nämlich meist nicht ein und das Laub bietet Schutz vor den kalten Temperaturen. Anfang März geht es dann los zum Laichplatz.

Eine Erdkröte wird groß

1. Die Laichschnüre wickelt das Erdkrötenweibchen um Wasserpflanzen. Sie sind drei bis fünf Meter lang und können bis zu 5 000 Eier enthalten. Nach zwei bis drei Wochen schlüpfen die Kaulquappen. Noch suchen sie Schutz unter den Blättern der Wasserpflanze.

2. Doch schon bald schwimmen sie frei im Wasser herum.

3. Die Kaulquappen fressen am liebsten Algen, die sie an Pflanzen und Steinen finden.

4. Bei den Kaulquappen entwickeln sich die ersten Hinterbeine.

5. Mit Vorderbeinen sehen sie fast schon aus wie kleine Kröten.

6. Kurz bevor eine junge Erdkröte an Land klettert, wirft sie ihren Schwanz ab.

7. Jetzt ist die Erdkröte voll entwickelt. Sie verlässt den Teich und wandert zurück in den Wald oder auf Wiesen, wo sie den Sommer verbringt.

Warum gibt es Kröten-Verkehrsschilder?

Auf dem Weg zum Teich und später wieder zurück in den Wald begeben sich die Kröten in große Gefahr. Häufig müssen sie Straßen überqueren. Darum gibt es sogenannte Krötenzäune und Tunnel, so können die Kröten unbeschadet unter der Fahrbahn durchkriechen.

Am Teich leben viele Vögel. Die **Stockentenküken** sind gerade geschlüpft. Sofort nach dem Schlüpfen können Entenküken laufen und schwimmen. Tiere, die das können, nennt man **Nestflüchter**. Die Stockentenfamilie macht einen Ausflug zum Teich. Die Entenmutter ist sehr wachsam und passt dabei ganz genau auf ihre Küken auf.

Reiherente

Blässhuhn

Teichhuhn

Grasfrosch

Stockentenweibchen

Schwan

Bachstelze

Stockentenerpel

G.S **63**

Es gibt viele verschiedene Entenarten. Die Männchen haben meistens ein buntes Gefieder – man nennt das Prachtkleid. Die Federn der Weibchen sind dagegen oft unauffällig braun oder grau – das heißt Schlichtkleid.

Die Tafelente

Die männlichen Tafelenten im Prachtkleid sind unverkennbar: Kopf und Hals sind rostrot, die Vorderbrust ist schwarz, der Rücken silbergrau. Die Weibchen sind braun und unauffällig. Tafelenten tauchen sehr gut. Sie haben sich dem Leben auf dem Wasser gut angepasst und kommen kaum noch an Land.

Das Blässhuhn mit Küken

Das Blässhuhn hat seinen Namen von der weißen „Blesse" auf seinem Kopf – das ist der weiße Fleck, der sich vom Schnabel bis zur Stirn zieht. Man nennt den Fleck auch „Hornschild". Bei den Männchen ist er größer als bei den Weibchen. Blässhühner haben auffallend große Füße. Mit denen können sie gut schwimmen und auch über Wasserpflanzen laufen.

Krickenten

Krickenten sind die kleinste einheimische Entenart in Deutschland. Das Männchen der Krickente hat einen dunkelbraunen Kopf und ein grünes Band, das sich an der Seite seines Kopfes von den Augen bis zum Hals zieht. Der Köper ist grau. Der laute Ruf klingt ungefähr so: kri-kük. Daher haben die Krickenten ihren Namen. Außerdem sind sie sehr gute Flieger.

Reiherenten

Die Männchen der Reiherenten fallen mit ihren schwarzen Köpfen und den gelben Augen sofort auf. Am Kopf haben sie außerdem einen Federschopf, der vom Hinterkopf herabhängt. Die Weibchen haben diesen Schopf auch, er ist aber kürzer und fällt weniger auf. Reiherenten mögen zwar auch das Brot von Spaziergängern, aber eigentlich tauchen sie nach Wasserschnecken, kleinen Fischen und auch nach Kaulquappen.

Haubentaucher

Blässhuhn

Laichkrautzünsler

Plattbauchlibelle

Die Blaugrüne Mosaikjungfer ist die größte **Libelle**, die bei uns lebt. Wie alle anderen Libellen auch jagt sie kleine Insekten und verspeist sie gleich im Flug. Libellen sind richtige Flugkünstler. Sie können nicht nur vorwärts, sondern auch rückwärts, seitwärts und auf der Stelle fliegen.

Mosaikjungfer

Azurjungfer

Tagpfauenauge

Seerosenblattkäfer

Taumelkäfer

Wasserläufer

67

Die Blaugrüne Mosaikjungfer siehst du manchmal auch auf Waldlichtungen oder Waldwegen. Doch am wohlsten fühlt sie sich am Teich, denn hier kann sie auch ihre Eier ablegen.

Eine Libelle wird groß

1. Die Mosaikjungfer legt ihre Eier auf Wasserpflanzen oder auf im Wasser treibenden Holzstücken ab. Aus den Eiern schlüpfen die Larven.

2. Die kleinen bräunlichen Larven sehen ganz anders aus als die Libelle. Sie leben am Grund des Teiches und sind gefräßige Jäger. Zu ihren Lieblingsspeisen zählen Mückenlarven, Wasserschnecken und Würmer. Sie bleiben ein bis zwei Jahre unter Wasser.

3. Erst wenn die Larve groß genug ist, klettert sie einen Schilfstängel hoch und verlässt das Wasser. Am Rücken platzt die Haut auf und die fertige Libelle kriecht langsam heraus. Die Libelle muss sich erst mal in der Sonne trocknen lassen und dann kann sie losfliegen.

Können Libellen stechen?

Libellen sind gar nicht scheu und fliegen manchmal nah an den Menschen heran. Doch du musst keine Angst haben. Sie können nicht stechen. Sie haben am Hinterleib zwar Zangen, die benutzt das Männchen aber nur, um das Weibchen bei der Paarung festzuhalten.

Tief unten im Teich lebt der **Hecht**. Wegen seiner grau-grünen Farbe ist der gefräßige Räuber zwischen den Wasserpflanzen fast nicht zu erkennen. Vor seinem Maul ist kein Fisch sicher. Pfeilschnell schießt er aus seinem Versteck und schnappt nach seiner Beute.

Rotfedern

Hecht

Dreistacheliger Stichling

Spitzkammschnecke

Gründling

Wasserfrösche

Ukeleien

Posthornschnecke

Gelbrandkäfer

Bitterlinge

71

G.S.

m Teich leben viele Fische. An ihren Mäulern kannst du erkennen, was der jeweilige Fisch frisst.

Der Hecht

Der Hecht ist ein richtiger Raubfisch. In seinem Maul hat er viele kräftige Zähne. Manchmal jagt ein Hecht sogar Frösche und kleine Wasservögel. Die Rücken- und die Afterflosse sitzen beim Hecht sehr weit hinten. Wenn er die kräftige Schwanzflosse bewegt, kann er blitzschnell nach vorne schnellen und seine überraschte Beute packen.

Der Karpfen

Der Karpfen kann sein Maul nach außen stülpen. Er durchwühlt damit den Schlamm auf der Suche nach Würmern, Insekten und Pflanzenteilen. Dabei wirbelt er ganz schön viel Schlamm auf. Das Wasser wird dann ganz trüb. Mit seinen Bartfäden, die er am Maul hat, kann er seine Beute aber ertasten.

Der Flussbarsch

Der Flussbarsch hat kein besonderes Maul. Er ist ein echter Allesfresser. Am liebsten frisst er Insektenlarven und kleinere Fische. Der Flussbarsch lebt meistens in klaren und stehenden Gewässern, also in Teichen und Seen, mit vielen Pflanzen am Ufer, zwischen denen er sich verstecken kann.

G.S.

Gibt es im Meer auch Hechte?

Nein, Hechte leben nur im Süßwasser. Süßwasser nennt man alle Gewässer, deren Wasser nicht salzig ist – also Flüsse, Bäche, Teiche und Seen. Meere oder Ozeane bestehen meistens aus Salzwasser. Manchmal wird der Hecht auch „Süßwasserhai" genannt.

Die **Wasserspitzmaus** ist sehr scheu und versteckt sich bei Gefahr in ihrem Bau. Sie frisst kleine Frösche und Schnecken, deren Häuser sie mit ihren scharfen Zähnen knackt. Oft jagt sie auch auf dem **Teichgrund**. Wasserspitzmäuse können nämlich sogar tauchen.

Wasserfrosch

Eintagsfliege

74

Wasserspitzmaus

Posthornschnecke

Spitzkammschnecke

Gerandete Jagdspinne

75
G.S.

Die Wasserspitzmaus lebt in ihrem Bau sehr komfortabel „Seeblick". Ein Ein- und Ausgang ihres Baus ist immer zum Wasser hin gebaut, sodass sie zur Futtersuche gleich ins Wasser springen kann.

Unter Wasser – auf der Jagd

Die Wasserspitzmaus jagt am Teichgrund nach kleinen Fischen und Wasserinsekten. Sie hat ein feines, dichtes Fell und ist eine ausgezeichnete Schwimmerin.

Im Bau der Familie Wasserspitzmaus

Die Mäusemutter bringt ihre Beute durch den nächsten Eingang in den Bau. Sie füttert ihre Jungen mit Insektenlarven und Fischstückchen. Ein Wasserspitzmausweibchen bringt zweimal oder dreimal im Jahr zwischen vier und acht Junge zur Welt.

Umzug bei Familie Spitzmaus

Fühlt sich die Wasserspitzmausmutter im Nest gestört, zieht sie um. Die kleinen Spitzmauskinder folgen der Mutter in einer langen Reihe. Dabei halten sich alle Mäuse aneinander fest. So geht kein Spitzmauskind verloren.

Warum wird die Wasserspitzmaus nicht richtig nass?

Das Fell der Wasserspitzmaus ist so dicht und lang, dass es die Luft um die Haut einschließt. Die Haut bleibt also trocken und die Maus schwimmt wie in einer Luftblase. Das macht es ihr auch manchmal etwas schwer zu tauchen, sodass die Spitzmaus meistens mit einem Kopfsprung ins Wasser springt, um möglichst tief zu tauchen.

Im und am Teich wachsen viele verschiedene Pflanzen. Halte die Augen offen, vielleicht entdeckst du einige von ihnen.

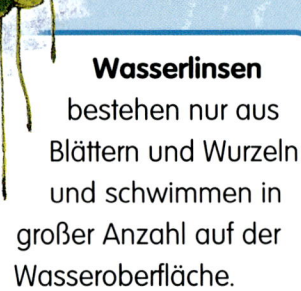

Wasserlinsen bestehen nur aus Blättern und Wurzeln und schwimmen in großer Anzahl auf der Wasseroberfläche.

Mit ihren leuchtend gelben Blüten fällt die **Sumpfdotterblume** einem sofort ins Auge.

Der **Breitblättrige Rohrkolben** ist leicht zu erkennen. Seine Blüte ist der auffällige braune Kolben am Ende des Stängels.

Die **Wasserminze** duftet leicht und zieht viele Insekten an. Aus einer Kreuzung aus der Wasserminze und der Grünen Minze entstand in England vor ca. 400 Jahren die Pfefferminze, die wir gern als Tee trinken.

Die Blüte der **Gelben Schwertlilie** hat lange Blätter, die nach außen zeigen und im Innern der Blüte noch einen Kranz von kürzeren, eng zusammenstehenden Blättern.

Der **Blutweiderich** ist mit seinen lila Blüten ein richtiger Farbflecken am Teich. Seinen Namen verdankt er seiner blutstillenden Wirkung.

Der **Wasserhahnenfuß** hat kleine, unauffällige weiße Blüten.

Beim **Froschlöffel** gibt es Blätter, die auf dem Wasser liegen, aber auch welche, die in die Luft ragen. Die Blütenstängel mit den weißrosa Blüten ragen weit über die Blätter hinaus.

Das **Schwimmende Laichkraut** kann einen richtigen Teppich aus Blättern auf einem See bilden.

Die breiten, großen Schwimmblätter der **Seerose** hast du bestimmt schon einmal gesehen. Die Blüte sitzt in der Mitte und ihre weißen Blätter stehen wie ein dichter Ring um die gelbe Blütenmitte.

G.S

Im Wald

In unserem Wald leben viele Tiere, doch sie sind meist sehr scheu. Also verhalte dich ruhig, wenn du sie beobachten willst. Auf den nächsten Seiten triffst du auf Fuchs, Eichhörnchen, Hirsch, Buntspecht, Dachs und Waldameise. Schau genau hin, vielleicht kannst du noch einige weitere Tiere entdecken.
Viel Spaß beim Besuch im Wald!

Elster

Eichhörnchen

Rothirsch

Rotfuchs

Mitten im Wald am Fuß eines hohen Baumes liegt ein großer **Ameisenhügel**. Die **Roten Waldameisen** schaffen emsig ihre Nahrung wie tote Käfer und Raupen in den Bau. Außerdem holen sie ständig Blätter und kleine Ästchen, um den Hügel zu vergrößern. Die **Wildschwein-mutter** nimmt ein Schlammbad, während ihre Frischlinge nach Leckereien am Boden suchen.

Schwarzspe

Wildschwein

Erdhummel

Lederlaufkäfer

Waldameise

83

Der Bau der Roten Waldameise besteht überirdisch aus Nadeln und kleinen Zweigen. Es reicht tief in den Boden hinein und hat zahlreiche Ein- und Ausgänge. Eine große Gruppe von Ameisen heißt auch „Ameisen-staat", denn hunderttausende Tiere leben zusammen. Sie sind sehr gut organisiert und jede Ameise weiß, was ihre Aufgabe ist. Die Arbeiterinnen kümmern sich um die Eier und Larven, bauen und reparieren das Netz, bewachen die Eingänge und gehen draußen auf Nahrungssuche.

Fliegende Ameisen

Im Sommer entwickeln sich aus bestimmten Eiern weib-liche und männliche Ameisen mit Flügeln. Sie fliegen aus dem Nest und in die Luft, um sich dort zu paaren. Die Männchen sterben kurz nach diesem sogenannten „Hochzeitsflug". Die Weibchen werfen ihre Flü-gel ab und werden zu Königinnen. Jede gründet einen eigenen Staat.

Im Ameisenbau

1. Tief im Innern des Baus legt die Königin viele Eier.

2. Die Arbeiterinnen tragen die frisch gelegten Eier in die Eikammer.

3. Die Eier werden von den Arbeiterinnen verpuppt.

4. Aus den Puppen schlüpfen die Larven. In der Larvenkammer versorgen die Arbeiterinnen die Larven mit Nahrung.

Kleiber

Rotwild

Zaunkönig

Auf einer Lichtung steht ein Rudel Rotwild. Der **Rot-hirsch** mit seinem mächtigen Geweih gehört nicht zur Gruppe. Er ist normalerweise ein Einzelgänger. Die Jungtiere nennt man auch **Hirschkälber**. Die Tiere sind sehr scheu und verschwinden beim leisesten Geräusch zwischen den Bäumen.

Blindschleic

Kohlmeise

Rothirsch

ötelmaus

Eichenbock

87

Die weiblichen Rothirsche bilden mit den Jungtieren ein Rudel, das von den erfahrenen, älteren Tieren angeführt wird. Die männlichen Hirsche leben allein oder in eigenen Rudeln.

Das Alter erkennt man am Geweih

Am Geweih kannst du erkennen, wie alt ein Hirsch ist. Meistens hat der älteste Hirsch auch das größte Geweih. Ein ausgewachsenes Geweih kann bis zu 16 Kilogramm wiegen.

So „wächst" das Geweih

Im Herbst werfen Hirsche ihr Geweih ab. Im Frühling wächst es wieder, größer als zuvor. Es ist überzogen mit einer samtigen Haut. Man nennt das Bast. Im Sommer schabt der Hirsch diesen Bast ab, indem er sein Geweih an den Bäumen reibt.

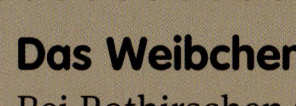

Das Weibchen

Bei Rothirschen nennt man das Weibchen auch Rottier. Es ist leicht von den Männchen zu unterscheiden, denn es trägt kein Geweih.

Warum röhren Hirsche?

Im Herbst klingt ein lautes Röhren durch den Wald – das ist der Rothirsch. Es beginnt die Paarungszeit. Damit fordert der Hirsch mögliche Gegner heraus oder verteidigt sein Rudel. Kommt es zu einem Kampf um ein Weibchen, stoßen die Hirsche mit ihren mächtigen Geweihen zusammen.

Zwergfledermaus

In der Nacht geht die **Fuchsmutter** auf Nahrungssuche. Füchse fressen vor allem Mäuse, Vögel und ab und zu auch saftige Waldbeeren. Sie haben eine besonders feine Nase und können sich fast lautlos an ihre Beute heranschleichen. Die Fuchsjungen heißen auch **Welpen**.

Rotfuchs

Eule

Baummarder

Dachs

Erdkröte

Erdmaus

91

Füchse und Hunde gehören zu einer Familie. Männliche Füchse nennt man Rüden und weibliche Füchse heißen Fähen. Mittlerweile gibt es auch immer mehr Füchse in den Städten, denn hier gibt es ein reichliches Nahrungsangebot an Mäusen und Ratten und natürlich auch an Abfällen. In Parks und auf Friedhöfen finden Füchse ruhige Plätze, um zu leben.

Der Fuchs bei der Jagd

Im Frühling, wenn die Welpen geboren werden, ist die Fuchsmutter auf Jagd. Sie lauscht, ob sie die Beute hören kann.

1. Da! Ein Geräusch – die Füchsin hat die Maus gehört.

2. Mit einem Sprung überrascht sie ihre Beute und greift zu.

3. Schnapp – sie hat die kleine Maus erwischt. Doch nur eine Maus macht sie und ihre Jungen nicht satt. Also muss sie noch etwas weiterjagen.

1

2

3

4. Erst wenn die Füchsin ein paar Mäuse gefangen hat, trägt sie sie in ihren Bau. Dort warten schon die Welpen ungeduldig, denn sie haben Hunger. Die Welpen bleiben ungefähr sechs Monate bei der Mutter. Dann verlassen sie den Bau und suchen sich ein eigenes Revier.

4

Wieso ist man schlau wie ein Fuchs?

Vor langer Zeit wurden Märchen geschrieben, in denen die Tiere die Hauptrolle spielten – man nennt sie Tierfabeln. Der Fuchs, auch oft Reineke Fuchs genannt, wurde in diesen Geschichten immer als schlau und listig beschrieben. Daher sagt man auch heute noch: Du bist so schlau wie ein Fuchs!

Dompfaff

Buntspecht

Ein **Buntspecht** sitzt an einem Baumstamm und klopft auf einen Tannenzapfen. Er hat den **Zapfen** in eine Astgabel geklemmt, um den Samen in dem Zapfen besser zu erreichen. Spechte fressen aber auch gern Käfer und Larven, die sie unter der Rinde finden.

Grünspecht

Schwarzspecht

Eichelhäher

Bäume sind für den Buntspecht Nahrungsquelle und Lebensraum in einem. Sein durchdringendes Gehämmer, wenn er mal wieder einen Baum mit seinem spitzen Schnabel bearbeitet, ist im ganzen Wald zu hören. Hör mal genau hin!

Auf Futtersuche

Unter der Rinde verbergen sich einige Leckereien wie Larven und Käfer. Die Käfer bohren Gänge ins Holz und leben verborgen unter der Rinde. Der Specht setzt sich an den Baum und klopft das Holz nach diesen Gängen ab. Hat er einen entdeckt, erweitert er den Eingang mit seinem Schnabel. Jetzt kommt seine lange klebrige Zunge zum Einsatz, mit der er das Futter aus dem Gang angelt.

Der Spechtbau

In jedem Jahr gibt es bei Familie Specht eine neue Höhle. Im Frühling baut das Spechtmännchen die neue Unterkunft, in der das Weibchen die Eier ausbrüten kann. Der Bau reicht bis zu vierzig Zentimeter in den Stamm hinein. Es kommen fünf bis sieben Jungen in einem Jahr zur Welt. Die Eltern füttern die Kleinen mit weichen Insekten und Raupen.

Im **Winter** bedeckt der Schnee den Wald wie mit einem weißen Tuch. Für die Tiere beginnt jetzt eine schwierige Zeit. Sie finden keine süßen Beeren, saftigen Gräser oder kleine Insekten mehr. An der **Futterstelle** füttert der Förster die Waldtiere darum mit Heu und Kastanien.

Rehe

Hermelin

Feldhase

Eichelhäher

Dompfaff

Elster

Kohlmeise

Eichhörnchen

Buchfink

99

D ie Spuren im Schnee zeigen dir, wer alles im und um den Wald lebt und auf Nahrungssuche ist. Lange Bahnen von Tierspuren ziehen sich über den Boden. Schau genau hin. Weißt du, wer hier langgelaufen ist?

Tierspuren im Schnee

1. Der Rabe hüpft am Boden und hofft, noch ein paar Samen oder Nüsse zu finden.

2. Das Hermelin ist auf der Suche nach Mäusen und Ratten, die es jagen kann. Im Winter ist sein Fell weiß.

3. Der Rotfuchs ist auch im Winter auf der Suche nach Nahrung.

4. Der Dachs ist mit seinen dicken Pfoten nicht ganz so schnell wie Wiesel und Fuchs. Er selbst ist sehr scheu und man sieht ihn selten.

5. Der Feldhase hinterlässt eine leicht zu erkennende Spur. Zwei langgezogene Abdrücke und zwei kleine Punkte – sie stammen von seinen kräftigen Hinterbeinen und seinen kleineren Vorderpfoten.

6. Im Winter, wenn die Nahrung knapp ist, bilden Rehe oft eine größere Gruppe. So findest du wahrscheinlich gleich viele Spuren ihrer Hufe.

7. Wildschweine wühlen, um Nahrung zu finden, gerne mit ihren Nasen im Waldboden. Wenn du ihre Spuren siehst, entdeckst du ja vielleicht auch Wühlspuren.

er Wald besteht aus vielen unterschiedlichen Bäumen. Jeder Baum hat ganz typische Früchte. Bei Nadelbäumen sind es meist Zapfen.

Tannen siehst du sehr häufig. Ihre Zapfen sind sehr lang und stehen senkrecht auf den Ästen.

Der Samen der **Kiefer** befindet sich in den rundlichen Zapfen. Der Zapfen ist nach oben leicht geöffnet.

Die **Buche** trägt Blätter und aus kleinen weißen Blüten bilden sich Bucheckern, kleine Nüsse.

Die **Stieleiche** kann sehr groß werden. Ihre Früchte sind die Eicheln, die besonders bei Wildschweinen sehr beliebt sind.

Die **Lärche** hat helle Nadeln und kleine rundliche Zapfen. Ihre Nadeln verfärben sich im Winter und fallen vom Ast.

Bei den **Fichten** hängen die Zapfen wie Weihnachtsschmuck am Ast und zeigen nach unten. So kannst du Tannen und Fichten leicht auseinanderhalten.

Register

A

Acker-Glockenblume   31
Acker-Kratzdistel   31
Afrika   38, 41
Algen   60
Ameise (siehe Waldameise)
Ameisenhügel   82
Amsel   51
Arbeiterinnen   84, 85
Azurjungfer   67

B

Bachstelze   63
Bauernhof   8–31
Baummarder   91
Baumschnecke   43
Bernhardiner   26
Biene (siehe Honigbiene)
Bienenstock   14–17
Bitterlinge   71
Blattkäfer   38, 43
Blattläuse   21
Blässhuhn   62, 64, 66
Blaugrüne Mosaikjungfer   66–69
Bläuling   10
Blindschleiche   48, 49
Blutströpfchen   43
Blutweiderich   79
Braunvieh   12
Breitblättrige Rohrkolben   78
Brennnessel   44
Buche   102

Buchfink   99
Bullen   12
Buntspecht   80, 94–97

C/D

Dachs   80, 91, 100
Dompfaff   94, 99
Dreistacheliger Stichling   70

E

Eichelhäher   95, 99
Eichenbock   87
Eichhörnchen   80, 99
Eier
  – Erdkröte   58
  – Honigbiene   16
  – Hühner   24, 25
  – Libelle   68
  – Storch   40
  – Tagpfauenauge   44
  – Waldameise   84, 85
Eintagsfliege   74
Elster   99
Enten   22
  – Krickenten   65
  – Stockenten   56, 62
Reiherente   62, 65
Tafelente   59, 64
Erdhummel   32, 34, 42, 48, 82
Erdkröte   20, 38, 56, 58–61, 91
Eule   91

F

Feldgrille   42
Feldhase (siehe Hase)
Feldmäuse   29, 32, 38, 46–49
Feldsperlinge   22
Fichte   103
Fischreiher   59
Fledermäuse   26, 28
Fliege   11
Flussbarsch   73
Frösche   38
  – Grasfrösche   62
  – Wasserfrösche   71, 74
Froschlöffel   79
Fuchs (siehe Rotfuchs)

G

Gänse   22
Gänseblümchen   55
Gartenrotschwanz   18
Gelbe Schwertlilie   78
Gelbrandkäfer   71
Gerandete Jagdspinne   75
Gerste   30
Geweih   88
Glühwürmchen   47
Grasfrösche (siehe Frösche)
Grashüpfer   23
Gründling   70
Grünes Heupferd   34, 50
Grünspecht   95

H

Hafer   30
Haflinger Pony   11, 14
Hainbänderschnecke   23, 34
Hase
  – Feldhase   32, 34–37, 98, 100
  – Stallhase   8, 18
Haubenmeise   50
Haubentaucher   66
Hecht   56, 70–73
Hermelin   98
Heuschrecken   38, 39
Höhlen   48, 49
Honig   14, 17
Honigbiene   8, 14–17, 35, 38
Hühner   8, 22–25

I/J

Igel   27, 28, 46
Insekten   20, 34

K

Kälbchen   10, 13
Karotten   18, 19
Karpfen   72
Kartoffelkäfer   21
Katze   8, 26
Kaulquappen   60
Kiefer   102
Kleiber   51, 86
Kleines Nachtpfauenauge   27

Königin
  – Honigbiene   16
  – Waldameise   84, 85
Kohlmeise   20, 87, 99
Kohlweißling   18, 21
Kornblume   31
Kreuzspinne   46
Kuh (siehe Rind)
Küken   22, 24, 25, 62

L

Laichkrautzünsler   66
Laichschnüre   58, 60
Lärche   103
Larven   94, 97
  – Honigbiene   14
  – Käfer   18, 52
  – Libelle   68, 69
  – Waldameise   84, 85
Lederlaufkäfer   26, 82
Libelle   66–69
Löffel   37
Löwenzahn   10

M

Mais   30
Margerite   54
Marder   26, 28
Marienkäfer   19, 20, 34, 50
Maulwurf   50–53
Mäuse   26, 29
  Erdmaus   91
  Feldmäuse   29, 32, 38, 46–49
  Rötelmaus   86
  Spitzmaus   39, 48, 49

Wasserspitzmaus   56, 74–77
Mauswiesel   46
Milch   10, 13
Mistkäfer   11,22

N

Nacktschnecke   18, 21, 46
Nektar   14, 17

O

Ochsen (siehe Bullen)
Ohrwurm   20

P

Plattbauchlibelle   66
Pollen   14
Posthornschnecke   71, 75
Puppe
  – Honigbiene   16
  – Waldameise   85

Q/R

Rabe   100
Raupe   18, 19, 21, 44, 96
Regenwurm   18, 22, 50
Rehe   98, 100
Rind   10–13, 22
Roggen   30
Röhren   89
Rotbunte   10, 12
Rote Waldameise (siehe Waldameise)
Rötelmaus (siehe Maus)
Rotfedern   70

Rotfuchs   27, 46, 80, 90–93, 100
Rothirsch   80, 86–89
Rotklee   54

S

Saat-Mohn   31
Sasse   36
Schleiereule   27, 28, 47
Schmetterling   10, 23, 27, 32, 35, 42–45
Schottisches Hochlandrind   12
Schwalbe   19
Schwalbenschwanz   35
Schwan   63
Schwarzbunte   12, 13
Schwarzspecht   82, 95
Schwimmendes Laichkraut   79
Seerose   79
Seerosenblattkäfer   67
Siebenschläfer   29
Spitzkammschnecke   70, 75
Spitzmaus   39, 48, 49
Steinmarder (siehe Marder)
Stieleiche   103
Sumpfdotterblume   78

T

Tagpfauenauge   32, 42–45, 67
Tannen   102
Taumelkäfer   66
Teich   56–79
Tomaten   19

U

Ukeleien   71

V

Vorratskammer   48, 49, 52, 53

W

Wabe   16, 17
Wacholderdrossel   51
Wald   80–103
Waldameise   80–85
Waldkauz   27
Wasserfrösche (siehe Frösche)
Wasserhahnenfuß   79
Wasserläufer   58, 67
Wasserlinsen   78
Wasserminze   78
Wasserspitzmaus (siehe Maus)
Weinbergschnecke   19, 32, 34
Weißstorch   32, 38–41
Weizen   30
Welpen   90–93
Wildschwein   82, 100
Wiese   32–55
Wiesel   100
Wiesensalbei   54
Wiesenschafgarbe   11, 55
Wiesenschaumkraut   55
Wiesenrispengras   55
Wildkaninchen   36, 37

X/Y/Z

Zapfen   94
Zauneidechse   42
Zaunkönig   86
Zicklein   10
Zitronenfalter   45
Zwergfledermaus   90

Entdecke unsere heimische Tier- und Pflanzenwelt

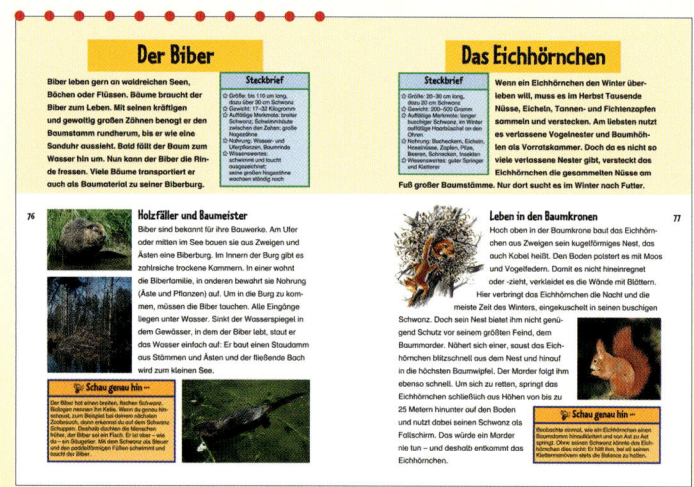

Bärbel Oftring
Mein Kosmos-Buch Natur
192 Seiten, über 500 Abbildungen, €/D 9,95
Preisänderung vorbehalten
ISBN 978-3-440-10935-9

Wohin fliegen die Zugvögel im Winter? Warum verlieren die Bäume im Herbst ihre Blätter? Woran erkennt man ein Säugetier? Dieses Buch stellt die wichtigsten 150 heimischen Tiere, Pflanzen und Pilze in ihren jeweiligen Lebensräumen vor. Die Einzelporträts werden durch interessante Einführungs- und Reportageseiten ergänzt. Der reich bebilderte Band lädt zu einer spannenden Reise in die Natur, zum Schmökern und Staunen ein.

www.kosmos.de

Komm mit auf spannende Reisen in die Natur

Anita van Saan
Mein erstes Welches Tier ist das?
ISBN 978-3-440-11393-6

Kennst du die Tiere in deiner Umgebung? Dieser Naturführer zeigt dir die 50 wichtigsten einheimischen Tiere, die in unserer Natur leben – vom Eichhörnchen bis zur Strandkrabbe. Außerdem gibt es viele Extra-Kästen, mit Ideen zum Ausprobieren, Mitmachen und vielen zusätzlichen Infos.

www.kosmos.de

Mein erstes
Was blüht denn da?
978-3-440-10500-9

Mein erstes
Was fliegt denn da?
978-3-440-09560-7

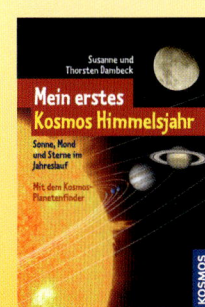

Mein erstes
Kosmos Himmelsjahr
978-3-440-11765-1

Mein erstes
Welches Pferd ist das?
978-3-440-11977-8

Mein erstes
Welcher Baum ist das?
978-3-440-11392-9

Mein erstes
Welcher Stern ist das?
978-3-440-11115-4

Jeder Band
mit 64 Seiten
Je €/D 6,95
Preisänderung
vorbehalten